AF234158

DISCOURS
CIVIQUE

A PARIS,

DISCOURS

CIVIQUE

SUR LA NÉCESSITÉ D'ACQUITTER

LES IMPÔTS,

Prononcé le 29 Mars 1791, à la société des Amis
de la Conftitution de Montreuil-fur-Mer,

Par Jean-Nicolas-François-Marie-Timothée Hautbout, Curé de Rouf-
fent, Département du Pas-de-Calais.

A PARIS,

Au Magazin de Librairie , au Palais de Juftice
Salle Dauphine, N°. 1.

1791

DISCOURS
CIVIQUE
SUR LA NÉCESSITÉ D'ACQUITTER

LES IMPÔTS.

Messieurs,

Je vais expofer à vos regards quelques réflexions fur l'impôt; puiffent-elles captiver votre attention; puiffe l'amour du bien public à qui elles doivent le jour, me concilier votre indulgence.

Etonnés, fans doute, que j'ofe entrer dans une lice fi difficile, fi étrangere à mes précédents exercices, vous vous demandez quel eft mon deffein? Seroit-ce d'offrir à la nation fur cette importante matiere de nouvelles découvertes, une théorie plus profonde, une marche plus prompte & plus fûre, pour ramener dans la caiffe nationale

A 2

l'agent des échanges, le nerf de l'état; des moyens efficaces de répartir uniformément le fardeau des tributs, de l'alléger, de rétablir fur des bafes inébranlables le crédit, l'opulence & la force de l'empire français; d'éclairer enfin les fages même. Ces calculs, ces opérations compliquées, liées à une foule immenfe de rapports délicats, de recherches favantes, infiniment au-deffus de mes très-foibles connoiffances, fi dignes toutefois d'occuper les veilles du philantrope; l'aréopage de la nation en a approfondi les élémens, embraffé tous les détails, pefé tous les réfultats, combiné toutes les chances, mefuré & borné l'étendue. C'eft après avoir porté le flambeau de l'évidence dans ce ténébreux dédale, qu'il vient de produire une refonte totale des lois falutaires, fagement balancées fur l'impôt. Ce n'eft donc plus de la maniere de l'établir qu'il s'agit de nous inftruire, mais de la maniere de le fupporter.

Nous devons le fupporter avec courage, c'eft le falut de l'état;

Avec religion, c'eft le denier de la patrie;

Avec empreffement, c'eft la feule voie d'en hâter la réduction;

Avec perféverance, c'eft la fource de la profpérité puplique.

Les impôts inconnus aux affociations politiques

naiſſantes & peu nombreuſes, y ſont précédés d'une preſtation de ſervices perſonnels. Que pourroit donner autre choſe une horde de ſauvages ſans ſignes repréſentatifs des valeurs, ſans lois, ſans autre bien que des fleches, des zagaies & des bras pour ſe battre? A meſure qu'une ſociété s'enrichit de ſujets, les progrès de la civiliſation s'y étendent; leurs rapports, leurs déſirs de poſſéder & de jouir, leurs beſoins relatifs s'y multiplient; il faut, pour contenir les invaſions de la cupidité, pour maintenir le bon ordre dans le corps ſocial & le mettre à l'abri des ſurpriſes & des inſultes de ſes ennemis, il faut une force publique ſoldée, par conſéquent un tréſor public & des impôts; s'il n'en exiſte pas chez quelques peuples policés, c'eſt que leurs chefs y ayant envahi toutes les propriétés, poſſédant ſeuls, peuvent & doivent auſſi ſeuls fournir à toutes les dépenſes de l'état: c'eſt-à-dire, que là tous les individus naiſſent ſerfs, qu'un ſeul homme y eſt tout, les autres n'y ſont rien. Tels furent nos ancêtres, ces malheureux enfans de la glebe.

Jetterions-nous un œil d'envie ſur une conſtitution ſi précaire & ſi humiliante? & la nôtre étoit-elle donc préférable avant le regne de l'égalité? Helas! vexés, écraſés par tous les genres d'inquiſitions, de concuſſions fiſcales; ceux-là feuls fe foulstrayoient à la contribution de l'impôt, qui en dévoroient le fuc : ceux-là feuls fe refufoient à fecourir l'état, qui lui étoient les plus onéreux.

Voilà l'origine de fa détreffe & de fes fouffrances. La racine du mal eft coupée ; mais avant que l'arbre politique récupere fon embonpoint, avant qu'il y circule une féve abondante, que de facrifices nous avons à faire ! quel vide dans nos finances à combler ! Cinq milliards de paiemens à effectuer (1) ; voilà le gouffre que nous ont creufé les dilapidations de l'ancien régime ; voilà la dette que la loyauté de la nation a déclaré facrée, & dont l'acquittement néceffite momentanément une forte impofition de fubfides.

Il eft vrai que l'intérêt perfonnel toujours effrayé des privations qui ne tournent pas à fon profit, l'exagere étrangement ; & que, pour la décliner & l'annuller, il s'arme fans pudeur du ftilet de la calomnie. Les vexations précédentes, s'écrie-t-il dans fes fordides alarmes, ont-elles jamais égalé celles qui affligent aujourd'hui toute la France ? Les impôts pefent fur toutes les têtes, abforbent le produit de la propriété, ne laiffent

____

(1) C'eft-à-dire, les deux tiers au moins du numéraire que l'on croit être en circulation parmi nous.

rien à la fubfiftance du poffeffeur. Qu'ont-ils fait de ces richeffes nationales qu'ils difoient deftinées à finir nos maux, de ces offrandes généreufes, accumulées fur l'autel de la Patrie ? Avides Légiflateurs, votre opulence s'eft engraiffée de nos dépouilles ; loin de foulager l'etat, vous en avez accru les plaies & confommé la ruine.

. Lâche calomniateur ! oui, ils ont foulagé l'état ceux que tes inculpations infultent : fans nous convaincre ni nous pervertir, lis, examine les comptes qu'ils foumettent à tes yeux, aux yeux de l'univers ; & fois confondu. Ils ont foulagé l'état, en le purgeant de cette armée d'officiers venaux, de fang-fues infatiables qui, fous les livrées de Thémis & de Plutus, ruinoient les particuliers & la nation ; de ces gagiftes fans fonctions, de ces membres parafites qui les furchargeoient & l'épuifoient, fans le fervir. C'eft avec le produit des impôts, des domaines nationaux, que tes Légiflateurs ont acquis le droit de les rendre nuls, & d'en profcrire la poftérité. Ils ont foulagé l'état, en fubftituant à des exceptions ufurpées, un régime uniforme & impartial ; aux imperfections & aux vices des lois anciennes, des lois équitables & falutaires, qui pulvérifent les chaînes du defpotifme & de l'oppreffion. Ils ont foulagé l'état de tout le mal, de tous les abus

qu'ils en ont retranché, ils l'ont relevé fur fes dé-
combres jeune, fain, glorieux & puiffant; & ils
l'ont fait libre!

FRANÇAIS, connoiffez vos veritables ennemis:
ce font ceux qui, par des infinuations perfides,
attifent le feu de vos paffions, vous foulevent
contre vos bienfaiteurs, foufflent dans vos ames
l'efprit d'indépendance & de révolte, vous exa-
gerent l'énormité des nouveaux impôts & des
charges publiques, pour vous en faire fecouer le
joug néceffaire. Qu'arriveroit-il, fi leurs dange-
reufes fuggeftions ébranloient votre fidélité? que
vous les verriez bientôt, ces déclamateurs fi hu-
mains, s'affocier à vos ennemis, fondre fur vous
à l'improvifte, vous fubjuguer; & refferrer,
fermer, fceller pour toujours, les durs anneaux de
votre ancien efclavage. Qu'oppoferiez-vous à
leurs fubites irruptions? une multitude défunie,
dépourvue de tout; un chef fans miffion, fans
préparatifs, fans forces défenfives, fans reffources
pour s'en procurer; une marine délabrée, dans
l'inertie, perdue? Or voilà à quelles dépenfes,
voilà à quels inconvéniens, pourvoient les impôts;
voilà à quels dangers vous livreroit la ceffation de
les payer. Les fuites inévitables de votre rebel-
lion opéreroient donc la confommation de la mifere
publique, l'anarchie, l'aviliffement de la nation, la

renaiſſance des extorſions , des ſervitudes , & la perte eternelle de la plus belle des conquêtes, de la liberté. Payons l'impôt ; c'eſt le ſalut de l'état ; c'eſt le denier de la patrie.

Aſſez long-temps des maîtres ambitieux, diſſipateurs ou avides, & leurs miniſtres plus altérés ou plus prodigues , ont preſſuré ſans meſure , le plus pur ſang des peuples ; l'ont proſtitué aux entrepriſes de leur cupidité, aux reſſentimens de leur vengeance ; aſſez long-temps le tréſor national a ſervi d'aliment à l'immoralité , & à des profuſions qui rendent ſi déplorable la ſituation de nos finances ; aſſez long-tems l'autorité arbitraire ſur le trône & ſur les degrés du trône, a cru n'avoir à tenir compte de ſes actions qu'à Dieu ſeul. Le ſuprême magiſtrat qui repreſente la majeſté du peuple français, les agens de ſon pouvoir, les adminiſtrateurs des diverſes ſections de l'empire, tous doivent à la nation la comptabilité, la réſponſabilité, & la publicité de leur geſtion. Ces obſcurités qui faiſoient de l'emploi des deniers publics, une énigme inextricable ; ces malveillances qui en détournoient les fonds à des uſages illicites, ces infidélités qui ſe les approprioient, ces prodigalités qui les épuiſoient, ces impérities qui les ruinoient, n'échaperont plus aux regards ni à la cenſure des citoyens ; toute malverſation ſera connue & punie.

Pour faire tarir les détreſſes cruelles, les béſoins impérieux de la patrie, il n'eſt donc point d'efforts quelques pénibles qu'ils ſoient, il n'eſt point de ſacrifices, que nous ne ſupportions avec longuanimité ; parce que nous ne craindrons plus qu'à l'ombre du myſtere, & de prétextes adroitement colorés, l'injuſtice, la frivolité & l'intempérance, ne les envahiſſent & ne les prodiguent : parce qu'il nous ſera toujours permis de verifier l'étendue & l'emploi des revenus affectés au ſervice de l'état : & parce qu'en nous déclarant ſa caution ſolidaire, ce ſera remplir une obligation rigoureuſe de juſtice.

Si un ſommeil plein de ſécurité inſinue dans nos membres un baume doux & reſtaurateur ; ſi, à notre reveil, nous apprenons qu'une main ennemie n'a point ſemé de l'ivraie dans nôtre champ, ni offenſé nos troupeaux ; ſi d'un autre coté, tous les reſſorts de la machine politique ſe meuvent, ſans qu'il nous en coute d'inquiétudes ni de fatigues ; ſi la ſanté & la vigueur ſe répandent du tronc ſocial dans toutes ſes ramifications ; ſi, dans des jours de calamités, la bienfaiſance publique vient eſſuyer nos larmes...

Qu'eſt-ce qui paye la ſentinelle qui protege notre repos & nos poſſeſſions, les génies tutélaires qui entretiennent l'harmonie & l'action de l'état ? qu'elle ſource produit les ſecours qui adouciſſent l'amertume de nos pertes ? c'eſt l'impôt. C'eſt pour acheter, partager tant d'avantages, que nous nous ſoumettons à la contribution de l'impôt. Mais pourquoi la liſte s'en eſt-elle ſi ſcandaleuſement groſſie ? pour abſorber, éteindre des intérêts ruineux, des capitaux énormes, des emprunts réitérés. Et ſi l'on demande pourquoi ces emprunts ? Je dirai ; pourquoi des fléaux, des guerres & tant d'autres événemens déſaſtreux qui multiplient les dépenſes ? eſt-il de la puiſſance humaine de décliner les uns ? eſt-il de l'équité de ne point acquitter les autres ?

Quand le dérangement de nos affaires, quand nos engagemens exceſſifs ne devroient leur origine qu'aux abus de l'autorité, en ſeroit-il moins injuſte de violer des contrats conſommés ſous le ſceau de la foi publique, revêtus du caractère le plus reſpectable par la ratification ſolemnelle de nos repréſentans, d'abandonner lâchement l'état à ſon impuiſſance de ſatisfaire à des créanciers, ou créés par nous, ou garantis par nous, à des créanciers nos concitoyens & nos freres, à des créanciers, quels qu'ils soient, munis d'un titre authentique?

Prévoyez-vous quel trouble, quel desefpoir un tel abus de confiance, une infraction fi violente des conventions les mieux cimentées jetteroient dans une infinité de familles fubfiftantes, riches des fonds feuls placés fur la fortune de l'état? Vous figurez-vous quelle atteinte mortelle ce feroit porter au crédit national, & à tous les genres de commerce, que le contre-coup d'une infâme banqueroute qui réagiroit du centre du royaume, à toutes fes extrémités; qu'il n'y feroit entendre qu'un affreux écho de ruines, & d'exécrations; & qu'outre le reproche très-mérité de fauffaires, nous ne faurions éviter de redevenir efclaves: car entre le malheur public & le regne d'un tyran, il n'y a qu'un point. Un génie factieux paroit, le franchit brufquement & maitrife fon pays. Sylla enfanglante, affervit Rome; Cromwel fait trembler Londres, à l'époque de leur calamité. Voudrions-nous ramener fur la fcene du monde les horreurs qui fouillent leur hiftoire? Voudrions-nous dévouer nos contemporains aux malédictions de la poftérité? non. La patrie n'aura point à rougir d'une indifférence fi coupable, d'un fi lâche abandon, d'une injuftice fi désho-

nôrante. Pour éteindre fes dettes, & maintenir les
liens de l'affociation, elle nous demande des impôts; nous les payerons avec loyauté & franchife.

Ne paroîtrois-je pas me défier de la délicateffe
des contribuables, fi je les exhortois à manifefter
dans l'affiette de l'impôt cette généreufe fincérité
qui aime à fe montrer à découvert? Pourrois-je,
fans les offenfer, me permettre l'injurieux foup-
çon, qu'ils ufent de fubterfuges, de declarations
infidelles, pour en éluder le fardeau? Où feroit
alors l'honneur, la probité, la confcience qui
établiffent pour loi inviolable, l'égalité propor-
tionelle de la répartition? Quoi, pour obtenir
une contribution un peu plus, ou un peu moins
forte, l'on ne rougiroit pas de trahir la foi publique, de mentir devant Dieu qui en eft le ga-
rant, & devant les hommes fes égaux, l'on
écraferoit fes concitoyens fans fcrupule! Quoi,
lorfqu'il s'agit de traiter d'affaires communes, de
nivéler les charges communes, fes facultés indi-
viduelles, l'on fe croiroit difpenfé d'être droits &
francs! Quoi, il fe trouveroit des ames affez in-
fenfibles au fort de la patrie, affez aveugles
fur leur propre intérèt, pour la voir fruftrée de
toutes reffources, & dans l'impoffibilité de fub-
fifter! Comment, avec des vues fi étroites, fi
mercenaires, parvenir jamais à faire ceffer la pé-

nurie du fifc, à effectuer la réduction des impôts.

La mauvaife foi, le menfonge, fous les dehors les plus infidieux de la candeur, de l'honnêteté & de la bienveillance, ourdiffent inutilement leurs trames les plus fubtiles pour plonger l'ordre de chofes dans l'humiliation & le difcrédit (1). A travers un long tiffu de pronoftics éfrayants, démentis heureufement par l'expérience; à travers un brillant étalage d'érudition financiere, fe dévoilent l'impofture & la rufe fophiftique : la paffion de la vengeance décele le dard caché du ferpent, & fes deffeins pernicieux. En vain il s'agite, pour faire regréter le prétendu bien dont il attribue l'honneur à la fagacité & à la droiture de fon adminiftration; l'opinion publique qui ne fe laiffe féduire, ni par des preftiges éloquents, ni par des proteftations empiriques, l'accufe hautement d'avoir accéléré la décadence de nos affaires, d'en prolonger l'embarras & de fomenter nos alarmes. Elle a flétri fa mémoire d'une tache inéffaçable, en caractérifant par fon nom, un déprédateur & un traitre à la patrie. Qu'il ceffe d'attribuer au fénat de la nation la mifere des

____

(1) Voyez le mémoire de l'ex-miniftre Calonne fur les opérations de l'Affemblée nationale jufqu'au mois d'octobre 1790.

peuples, l'épuifement de nos finances, la maffe exagérée de nos dettes; fon miniftere feul, dans fa courte durée, les a plus accru que celui de tous fes prédécesseurs. L'abîme eft profond! il fera comblé.

Que dis-je? déja nos maux ceffent. Malgrè l'immenfité des charges de l'état, la fuppreffion des dîmes, de la gabelle, des droits véxatoires fur les fabriques, fur les comeftibles, & fur tant d'autres objets de neceffité premiere, une économie févere dans les frais de perçeption, des retranchemens légitimes dans les graces précedemment accordées, produifent fur le total de la nation, un foulagement de plus de cent quatre-vingt-feize millions, & de plus de deux cens trente-deux millions fur les anciens contribuables (1). J'entends former des regrets fur l'ancien régime : eût-il jamais laiffé efpérer de procurer au peuple une remife de fubfides fi prompte, une réduction fi confidérable? Loin d'offrir donc cette teinte affreufe, ces conféquences déplorables que

____

(1) « La nation en maffe jouira d'un foulagement pour » 1791, de 196,764,000; le foulagement de ceux qui ne » jouiffoient d'aucun privilege, fera dans la proportion de » 232,764,000 livres ». (Second rapport du comité des finances du 19 février 1791 »).

les ennemis de la révolution s'éfforcent de leur prê-
ter ; le préfent & l'avenir ne nous montrent que
des améliorations & des efpérances confolantes.
Cependant, de prétendre tout-à-coup réduire la
contribution des tributs à une taxe prefqu'infen-
fible, ou éprouver une libération entiere de tous
fardeaux; outre que ce feroit fe forger l'idée d'une
fituation impoffible, & d'une politique fans exem-
ple; ce feroit, ou s'expofer à tout perdre, ou fe
donner la folle préfomption qu'il nous appartient
de prévoir les événemens futurs, d'éloigner à notre
gré, ou de maitrifer les guerres, & toute autre
calamité. Pour parvenir à cet heureux allége-
ment, l'objet de vos vœux, & des travaux de vos
auguftes repréfentants, au préalable, vous dirai-je:

Eft-ce fur des mefures prévoyantes & fages,
que vous fondez le fuccès de vos defirs? Le nombre
de vos troupes eft-il proportionné au vafte cercle
de vos poffeffions? Vos magafins remplis de
munitions; vos arfenaux d'artillerie, d'armes &
d'équipages militaires, vous tiennent-ils toujours
prêts à foutenir de longues hoftilités? Vos fron-
tieres, vos places, vos ports, préfentent-ils un
front inexpugnable? Votre marine complete, exer-
cée, ne craint-elle point de fe mefurer avec les
flottes de vos rivaux? Vos Colonies intimidées
par l'appareil formidable de votre puiffance, ou

gagnées

gagnées par la douceur de votre gouvernement, font-elles rentrées, contenues dans la fubordination, dans leurs liaifons avec la métropole, & mifes à l'abri de conquêtes? Poffédez-vous au dedans de l'empire une force publique impofante, capable de maintenir l'ordre, le refpeÉt dû aux lois, la fûreté individuelle? Etes-vous parvenu à ôter aux mal - intentionnés le moyen de vous furprendre, la poffibilité de vous nuire, & à les forcer à l'inaÉtion & à la paix? Quand eft-ce que le tréfor national fera foulagé d'une foule de créanciers, de penfionaires qui doivent y puifer? Quand eft-ce que la fageffe des adminiftrations nouvelles fera oublier les vices des précédentes? Quand eft-ce que le produit de la recette excédera le vide de la dépenfe?

Alors décroîtront rapidement les charges de l'état & les tributs : alors fera établie la proportion la moins forte poffible des contributions : alors fera déterminée par le fénat de la nation une fomme d'impofitions annuelles, égale à peine au tiers de celle que nous fupportons aujourd'hui : alors le riche payera peu, le pauvre ne paiera rien : alors tous les Français foulagés fentiront pleinement l'immortel bienfait de la conftitution nouvelle, & s'applaudiront de s'être prêtés à des

B

privations momentanées, la source de la prospé-
rité publique.

Le thermomêtre le plus juste pour en évaluer
l'élévation future, c'est sur-tout l'impôt équita-
blement réparti & exactement acquité. Déposé en
des mains irréprochables, employé à des besoins
réels, en même-temps qu'il reparera les abus
de l'ancien régime, il produira un excédant de
recette, applicable à des encouragemens & à
des travaux utiles & honorables à la patrie.
Français, sentez-vous brûler dans vos cœurs cet
amour généreux prét à tout entreprendre, à tout
sacrifier pour son bonheur & sa gloire ? Vous
sentez-vous aiguillonnés de la noble passion
d'élever sa grandeur au niveau de celle de Rome
& d'Athenes, & d'y reproduire les merveilles
de l'ancienne Egypte (1) ? Creusez ces canaux
depuis tant de siecles l'ardent objet des vœux
universels ; applanissez vos montagnes ; ouvrez
par-tout des routes, des communications faciles
entre toutes vos provinces ; restituez à Cérès ces
terreins inondés & stériles ; que l'œil ravi con-
temple de riantes prairies, de riches moissons

______

(1) Voyez-en la description dans Bossuet, *Hist. univers.*
tom. I.

là où il ne rencontroit que des plaines hideufes &
infalubres ; bravez la fureur des flots ; qu'au milieu de leur empire s'élevent des digues fermes,
qui rompent l'impétuofité de leurs vagues, &
abritent vos vaiffeaux (1). Que vos flotes courent
autour du globe exporter votre nom, votre puiffance, vos denrées & vos marchandifes ; ramener en échange l'or, les productions, les délices
de toute la terre. Afpirez-vous à la réputation
brillante & folide d'animer, étendre, perfectionner
l'agriculture, le commerce, l'induftrie, les fciences & les arts? Brifez les entraves, toutes les
chaînes qui les garrotent; elles tuent le génie, en
amortiffent le feu. Que les honneurs, les recom-
penfes, l'éveillent, l'exaltent; il franchira les
limites marquées jufqu'àlors à l'efprit humain.
Voulez-vous multiplier les actions généreufes &
éclatantes, allumer le patriotifme, & bannir les
fléaux des mœurs? Que le deffenfeur de vos
foyers, le guerrier valeureux; que le négociant,
l'agriculteur malheureux dans leurs entreprifes,
que le citoyen illuftré par des fervices plus pai-
fibles; que l'infirmité & l'indigence, foient par-
tout accueillies, fecourues, ou récompenfées: qu'une

---

(1) Le port de Cherbourg, ouvrage le plus hardi qu'ait
ofé concevoir le génie de l'homme.

activité bouillante tourmente, vivifie vos âteliers & vos manufactures; & qu'il n'y ait parmi vous d'inutile, d'oublié & de proscrit, que la fainéantise, l'oisiveté & le vice. En un mot, à vos législateurs appartient l'organisation morale de la France, ils vont l'achever; & à vous, son organisation physique; voilà votre ouvrage, grand, magnifique & digne de l'émulation la plus vive & la plus soutenue. Que faut-il pour l'exécuter? Des impôts. Semblable à des eaux éparses, rassemblées dans un vaste bassin, distribuées avec économie & sagesse sur des terres arides, le trésor public pompe les métaux qui l'alimentent de toutes les parties de l'empire, les y refoule & y porte la fertilité & l'abondance. C'est l'image du cœur humain qui attire à soi, & repousse la substance du sang dans les arteres, & entretient la chaleur, la santé & la vie dans tous les membres du corps.

Ecartant les orages qui ne cessent de menacer; les difficultés qui restent à vaincre; pour amener l'ordre actuel à l'état de perfection dont il est susceptible, le patriote se place à cette heureuse époque, où toutes nos dettes liquidées, toutes les précautions de sûreté établies, laisseront dans les épargnes du trésor national, de quoi effectuer les améliorations, & répondre aux dépenses inattendues. Quel royaume en Europe le difputera au nôtre de puiffance, de richeffes & de bonheur? Puiffant par fa pofition au milieu de boulevards élevés par la nature, par le nombre de fes villes fortifiées, par la difcipline de fes armées, par la valeur & l'union de fes citoyens : puiffant par leur population multipliée en raifon de leur aifance : riche par la fertilité de fon fol, par le genre de fes cultures, & l'excellence de fes produ&ions : riche par la variété de fon commerce, la vivacité de fes raports, par l'a&ivité de fon induftrie & la multitude de fes manufa&ures : heureux par l'abondance de fes denrées, par la gaieté, l'aimable facilité du cara&ére de fes habitans, par la fageffe de leurs lois, & fur-tout par la poffeffion d'une liberté auffi illimitée, auffi parfaite qu'il eft poffible à l'homme focial de la conferver, cherchez fous le ciel un peuple qui réuniffe autant d'avantages; vous ne le trouverez pas. O France ! ô féjour fortuné ! Si les méchants ne parviennent à renverfer l'édifice de profpérité qui s'éleve dans ton fein, qui ne foupirera pas de s'infcrire au nombre de tes enfans ? Quel feroit celui d'entr'eux affez ingrat pour oublier de fe répandre en bénédi&ions fur les fages inftitutions, & fur les mains laborieufes

qui lui auront préparé un cours de félicité auffi
long que fa vie.

Me trompé - je, Français, mon imagination
deçue n'auroit-elle produit qu'un fantôme ? Ne
fe feroit-elle bercée que d'un avenir impoffible ?
Non, ce bonheur, il ne tient qu'à vous de le réa-
lifer, de le furpaffer. Acquitons la dette de
l'impôt ; car c'eft l'impôt, le principe, le mobile,
l'ame du mouvement, de l'harmonie, la fubfis-
tance de l'état ; c'eft fa providence. C'eft l'impôt
qui verfe dans les coffres du fifc de quoi en-
courager, faire éclôre, profpérer les entreprifes
du commerçant & du laboureur, les talens de
l'artifte, les chefs-d'œuvres du génie, & les
découvertes des fciences. C'eft par l'impôt que
vous forcerez le riche de contribuer aux frais du
gouvernement & de la fouveraineté, à l'aliment
des pauvres, à l'entretien des afyles & des âteliers de charité, à proportion de fon opulence.
C'eft avec l'impôt que vous donnerez à la force
publique une confiftance ferme, redoutable aux
méchants & à tous vos ennemis. C'eft l'impôt
qui pourvoira à tous les befoins, remédiera à tous
les défordres de l'état ; qui déconcertera les pro-
jets des malveillants, & affermira les colonnes
de la liberté. Prenez garde, c'eft fur l'impôt que
le defpotifme mourant attache fon dernier efpoir :

montrez que vous avez deviné ſes perfidies , qu'il ne ſauroit, ni vous ſuborner, n' vous conquérir ; qu'il n'eſt point de ſacrifices qui vous coutent, que votre fortune ne ſera pas plus epargnée que votre ſang , pour acheter & conſerver le bonheur que vous avez d'être *libres & français*.

I N.

De l'Imprimerie de la J U S S I E N N E , rue Montmartre, N°. 38. 1791.